Publicado por Adam Gilbin

@ Marcial Pascual

Dieta Baja en Carbohidratos: Increíble Guía De

Dieta Baja en Y Alta en Proteinas

Todos los derechos reservados

ISBN 978-87-94477-52-9

TABLA DE CONTENIDO

panqueques De Avena 1

Carne Molida Con Pimientos Cortados En Rodajas 3

Licuado De Aguacate Tipo Gazpacho 5

Ponquecitos De Terciopelo Negro 7

Salteado De Ternera Y Champiñones 11

Pollo Frito Keto 14

Increíbles Pancakes De Bayas Con Nata 17

Delicia De Filete Con Chile 19

Los Deliciosos Rollos Cetogénicos De Queso Y Tocino ... 24

La Receta De Pan A Prueba De Balas Cetogénico Y Bajo En Carbohidratos 27

Coliflor Benedicto 30

Quiche Sin Corteza 34

Chaffle Keto Cubierto Con Jarabe De Caramelo Salado . 37

S 38

Sándwich De Tocino Keto Chaffle 39

Ensalada De Col 41

- Ensalada Griega Tradicional 43
- Envolturas De Pollo Al Estilo Griego, 6 Porciones 45
- Salsa Bechamel 47
- Sopa De Chile Relleno 49
- Sopa De Cebolla Tres Quesos Franceses 51
- Cereales Ceto 53
- Mac De Coliflor Y Queso 55
- Champiñones Asados Con Nueces, Sémola Y Coliflor 58
- Ensalada De Remolacha Fresca Y Bacalao Cocido A La Sartén 61
- La Barra De La Mañana Cetogénica 63
- Las Barras De Coco Y Macadamia 66
- Grain Free Flax Waffles 68
- El Mejor Shakshuka De La Historia 69
- Frittata 73
- Gofres De Chocolate Keto 76
- Chaffle Crujiente De Calabacín 78
- Ensalada Super Fiesta 80

Ensalada De Aguacate Sunburst 82

Salsa Bearnesa 84

Mayonesa 86

Salsa De Eneldo 87

Pollo Relleno De Cangrejo Y Parmesano 88

Pollo Tailandés Marinado 91

Corteza De Pizza De Coliflor 94

Pastel De Chocolate Keto 96

Tazón De Cerdo Y Vegetales Asiáticos 97

Hamburguesas Con Salsa De Tomate Y Una Guarnición De Repollo Frito 102

Receta Chafle De Coliflor 106

Chafle De Mantequilla De Cacahuete 107

Ensalada De Pepino 110

Ensalada Arco Iris 111

Salsa Cremosa De Hierbas 113

Salsa De Mantequilla Marrón 115

Salsa Carbonara 116

Pollo Al Arándano 118

Elegante Pollo Con Champiñones 120

Panqueques Cetogénicos 122

Lasaña De Boniato 123

Ensalada César Especial Keto 126

Salchicha Asada 129

Waffles De Proteína De Avellana Con Chocolate
Cetogénico 131

El Gluten – Pan De Coco Y Almendras Sin Gluten 134

Las Bombas De Grasa Cetogénicas De Canela Y
Cardamomo 136

Huevos De Pimiento Morrón 138

Rosquillas Cetogénicas 140

Ensalada De Tomate 143

Panqueques De Avena

Ingredientes:

- 1cucharadita de bicarbonato de sodio
- 1cucharadita de polvo de hornear
- 19cucharadita de sal
- 12cucharadita de canela molida
- 1 1taza de suero de leche sin grasa
- 2 huevos
- 1taza de harina para todo uso
- 1 taza de avena de cocción rápida
- 1 cucharada de azúcar
- 2 cucharadas de mantequilla (derretida)

Direcciones:

1. Mezclar todos los primeros 10 Ingredientes:en un tazón, revolviendo con un batidor.
2. Combine el suero de mantequilla, la mantequilla y el huevo en un tazón pequeño.
3. Agregue a la mezcla de harina, y revuelva hasta que se humedezca.
4. Caliente una plancha antiadherente a fuego medio y sirva aproximadamente 5 cucharadas de masa por panqueque en la plancha.
5. Gire los panqueques cuando las partes superiores están cubiertas de burbujas, cocine hasta que las partes inferiores estén ligeramente doradas.

Carne Molida Con Pimientos Cortados En Rodajas

Ingredientes:

- Carne molida
- Espinacas
- Especias y un pimiento.
- Aceite de coco
- Cebollas

Direcciones:

1. Cortar una cebolla en trozos pequeños. Poner el aceite de coco en la sartén, subir el fuego.
2. Agregue la cebolla a la sartén, revuelva por un minuto o dos.
3. Añadir la carne molida.
4. Agregue algunas especias.

5. Revuelva hasta que esté listo, sirva con un pimiento en rodajas.

Licuado De Aguacate Tipo Gazpacho

Ingredientes:

- 2 cucharaditas de jugo de lima
- 1 onza. queso de cabra, ablandado
- 2 cucharaditas de cebollino picado
- 1 taza de agua
- 18 cucharadita de sal
- 1 aguacate, pelado y sin semillas.
- 1 cucharada de crema espesa

DIRECCIONES:

1. Cortar el aguacate.
2. Coloque las rebanadas en una licuadora junto con Ingredientes: restantes. Mezclar hasta que quede suave.

3. Transfiera a un vaso alto y ponga cebolletas adicionales encima.

Ponquecitos De Terciopelo Negro

Ingredientes:

- ¼ taza de xilitol
- ¼ cucharadita de sal
- 2 cucharaditas de extracto de vainilla
- ¼ cucharadita de bicarbonato de sodio
- 7 cucharadas de mantequilla, sin sal
- 2 cucharadas de cacao en polvo, sin azúcar
- ¼ taza de harina de coco orgánica, alta en fibra
- ½ cucharadita de colorante para alimentos, negro
- 3 huevos
- 6 cucharaditas de eritritol

- ¼ cucharadita de polvo para hornear, fosfato directo

- ¼ taza de leche de coco, sin azúcar

- 4 onzas de queso crema

- Colorante naranja

- Brillo de comida comestible

Direcciones:

1. Ponga el horno a 375 grados. Cubra un molde para muffins con vasos de papel y póngalos a un lado.
2. (para los ponquecitos) Combine los huevos, 3 cucharadas de mantequilla, leche de coco, colorante negro, xilitol y extracto de vainilla en un tazón.
3. Coloque la harina de coco, la sal, el polvo para hornear, el bicarbonato de sodio y el cacao en polvo en un recipiente aparte. Mezclar bien.
4. Combine ambas mezclas juntas y revuelva bien.
5. Distribuya la mezcla resultante uniformemente en la lata del molde. Cocinar en el horno durante unos 18 minutos. Una vez hecho esto, coloque los pastelitos en una rejilla para enfriar.

6. (para glasear) Coloque el queso crema en un tazón y bátelo con una batidora eléctrica hasta que quede suave.
7. Agregue la mantequilla restante, el eritritol, el colorante anaranjado y el extracto de vainilla a la mezcla. Mezclar bien.
8. Coloca glaseado encima de cada cupcake y espolvorea con purpurina comestible.

Salteado De Ternera Y Champiñones

Ingredientes:

- 1 taza de floretes de brócoli
- aceite de sésamo
- Pimienta al gusto
- champiñones
- 2 cebollas pequeñas
- Jengibre picado
- 1 cucharada de salsa hoisin
- 1 pimiento
- 3 cucharadas de salsa de soja
- Sal al gusto
- Aceite de oliva

- Carne de res en rodajas finas

- 1 zanahoria

- Ajo molido

Direcciones:

1. Batir la salsa de soja, la salsa hoisin y el aceite de sésamo en un recipiente pequeño. colocar a un lado
2. Calentar una sartén a fuego medio
3. Añadir aceite de oliva Deja que el aceite se caliente
4. Agregar las rebanadas de carne Cocine hasta que se dore por ambos lados
5. Retire la carne y reserve Agregue más aceite de oliva a la sartén.
6. Combine los champiñones, el pimiento, la cebolla, la zanahoria y el brócoli en un tazón para mezclar.
7. Cocine hasta que estén tiernos Agregar ajo y jengibre

8. Cocine hasta que esté aromático Agregue la carne cocida de nuevo a la sartén.
9. Agregar salsa a la sartén Revuelva para cubrir Cocine hasta que la salsa espese
10. Agregar sal al gusto Agregar pimienta al gusto Atender Disfrutar

Pollo Frito Keto

Ingredientes:

- ½ cucharada de pimienta de cayena
- Aceite de coco para freír
- 1 cucharada de cebolla en polvo
- ½ taza de harina de almendras
- ½ cucharada de pimienta negra
- Queso parmesano rallado
- Pollo sin hueso
- Sal al gusto
- 1 cucharada de pimentón
- Crema espesa

- Cebolla en polvo

- 3 huevos

- Polvo de ajo

- (alrededor de 1 cucharada)

Direcciones:

1. Precalentar el horno Cortar el pollo en trozos conseguir un plato
2. Batir los huevos con crema espesa en un tazón
3. Combine la harina de almendras, el ajo en polvo, la cebolla en polvo, el pimentón, la sal y la pimienta negra en un tazón para mezclar.
4. Cubre las pechugas de pollo con la mezcla de harina de almendras después de sumergirlas en la mezcla de huevo.
5. Caliente el aceite en una sartén grande a fuego medio

6. Agregue las pechugas de pollo al aceite caliente y fría durante 45 minutos por cada lado, o hasta que estén doradas y bien cocidas.
7. Retire el pollo de la sartén y colóquelo en un plato forrado con toallas de papel para drenar.
8. Servir con otros condimentos de elección como queso.
9. Disfrutar

Increíbles Pancakes De Bayas Con Nata

Ingredientes:

- Dos onzas de aceite de coco o mantequilla regular o margarina

- Dos onzas de frambuesas congeladas pero descongeladas o frescas son las mejores

- También puede sustituir las frambuesas por arándanos o fresas.

- Cuatro huevos

- Siete onzas de requesón natural

- Una cucharada de polvo de cáscara de psilio molido

- Una taza de crema batida pesada

Direcciones:

1. Mezcle los huevos de requesón y la cáscara de psilio en un tazón, revolviendo hasta que estén bien mezclados.
2. Deje solo de cuatro a cinco minutos para que se espese.
3. Consiga una sartén antiadherente y caliéntela con aceite de coco, margarina o mantequilla. Una vez que esté listo, puede pasar al siguiente paso.
4. Caliente los panqueques usando el ajuste medio durante aproximadamente tres a cinco minutos de un lado y luego voltéelos. Tenga en cuenta el tamaño, ya que un tamaño demasiado grande dificulta que se vuelquen.
5. Ponga la crema en otro recipiente y remover.
6. Elige el tipo de bayas que quieras y añade nata montada.
7. Sírvelo en un plato

Delicia De Filete Con Chile

Ingredientes:

- 2 y un cuarto de taza de pequeños trozos de apio picado
- Tres latas de 14.5 onzas de tomates sin escurrir
- Dos latas de quince onzas cada una de salsa de tomate sin sal
- Una libra de salsa de su variedad favorita
- Tres cucharadas de chile en polvo
- Dos cucharaditas y media de comino molido y secado si se usa en el jardín
- Dos cucharaditas de orégano que se seca
- Una cucharadita y media de pimienta negra, pero esto puede ser alterado a su gusto.

- Un cuarto de taza de harina regular de la tienda de comestibles, usted también puede usar orgánico si así lo desea.

- 4 libras de cubos de carne de una pulgada hechos de bistec redondo de res

- Un cuarto de taza de aceite de canola

- 4 dientes de ajo, picados en trozos pequeños

- Dos tazas y media de cebollas picadas también picadas muy pequeñas

- 2 tazas y media de agua separan las 2 tazas de la media taza.

- Un cuarto de taza de harina de maíz que sea amarilla

- Las opciones adicionales para agregar incluyen crema agria baja en grasa, queso rallado bajo en grasa a su gusto, aceitunas y pimientos picados.

Direcciones:

1. En un horno convencional a temperatura mediaalta, cocine el ajo y el bistec hasta que estén bien cocidos. Siempre manténgalo revolviendo para que se cocine de manera uniforme y apropiada.
2. Añada la cantidad necesaria de cebollas. Esto también puede ser alterado si usted prefiere menos o más sabor a cebolla.
3. Vigile su comida durante un tiempo aproximado de cinco a siete minutos; asegúrese de seguir cocinando y removiendo.
4. Añada y mezcle las dos tazas de agua junto con los nueve Ingredientes:adicionales, excepto la harina y la harina de maíz, hasta que llegue al punto de ebullición.

5. Baje el fuego a fuego lento y cubrir durante dos horas aproximadamente hasta que esté tierno y suave al tacto y bien cocido.
6. Mezcle la harina, la harina de maíz y la otra mitad de una taza de agua que se le indicó que reservara en la sección de ingredientes.
7. El siguiente paso es comenzar a mezclarlo en una textura extremadamente espesa y cremosa.
8. Una vez que el chile esté hirviendo, se pone en la mezcla de harina y harina de maíz y se dispersan uniformemente los ingredientes.
9. Sigue cocinando y removiendo durante aproximadamente dos o tres minutos hasta que esté bien espeso.
10. A continuación, puede agregar Ingredientes: adicionales mencionados al final de la lista de ingredientes, pero elija los que prefiera.
11. Esta es su comida, modifíquela ligeramente como desee.

12. Una vez hecho, coloque en tazones y sirva. Usted debería tener aproximadamente veinte porciones. Se pueden poner en la nevera y recalentarlos a su gusto durante unos días más.

Los Deliciosos Rollos Cetogénicos De Queso Y Tocino

Ingredientes:

- 2 cucharadas. de queso crema
- 1 ½ cucharadita de levadura en polvo
- ½ taza de 3 huevos grandes queso mozzarella rallado
- ½ cucharadita de sal
- 5 onzas de tocino (se debe cortar en 6 dados)
- 2 cucharaditas de semillas de sésamo
- 1 taza de queso cheddar rallado
- 1 cucharada. de semillas de psyllium
- ½ cucharadita de pimiento rojo

Direcciones:

1. Precaliente su horno a aproximadamente 355 grados F, y dentro de una sartén antiadherente, saltee el tocino cortado en cubitos a fuego medio a alto, y hasta que el tocino comience a dorarse, apague el fuego en este punto.
2. Agregue su queso crema dentro del tocino y permita que el queso se ablande mientras el tocino se enfría.
3. Coloque el queso crema junto con el tocino dentro de un procesador de alimentos y agregue el resto de Ingredientes: (deje una cucharada de tocino a un lado como relleno para los rollos).
4. Luego, licúa la mezcla en el procesador a velocidad media durante unos 5 minutos, hasta que Ingredientes: se integren bien.
5. Luego, coloque la mezcla en 12 montones iguales, en una fuente para hornear forrada,

antes de espolvorear el tocino restante sobre cada panecillo.
6. Hornee los rollos durante unos 16 minutos, hasta que se inflen y adquieran un color dorado.
7. Puedes guardarlos calientes o guardarlos en el refrigerador.

La Receta De Pan A Prueba De Balas Cetogénico Y Bajo En Carbohidratos

Ingredientes:

- ½ taza de proteína de colágeno alimentada con pasto
- Mantequilla alimentada con pasto
- 6 huevos de pastoreo separados

Direcciones:

1. Precaliente su horno a aproximadamente 325 grados F, y use la rejilla del medio para este horneado (retire las rejillas sobre el pan ya que el pan se expandirá rápidamente durante la cocción).
2. Unte con mantequilla el molde para pan o el plato (es posible que desee utilizar un molde de cerámica si es necesario porque el pan se

horneará de manera uniforme sin ningún problema de pegajosidad).

3. También debe tener en cuenta que los recipientes de cerámica no causarán la lixiviación de ciertos productos químicos, como los productos químicos para utensilios de cocina de teflón.
4. Coge un bol y bate los huevos hasta que se pongan rígidos y picos, también puedes hacer uso de una batidora de mano, en lugar de un bol con cuchara.
5. Asegúrese de que los huevos estén completamente batidos, si no lo hace, pueden colapsar, especialmente cuando se agregan el suero y las yemas de huevo, y terminará con una mezcla desagradable.
6. Agregue la proteína de collage, junto con las yemas de huevo, luego mezcle suavemente hasta que la mezcla se incorpore por completo.

7. La masa debe volverse esponjosa después de esta mezcla.
8. Vierta la masa en el molde para hornear y colóquelo en el horno. Hornea la masa de pan durante unos 40 minutos.
9. Retire el pan horneado y colóquelo sobre una rejilla para que se enfríe durante unos minutos.
10. A medida que el pan horneado se enfría, la hogaza se hundirá suavemente a la altura estándar después de expandirse rápidamente bajo el calor del horno.
11. Una vez que el pan se haya enfriado, simplemente retírelo de la rejilla y rebane antes de servir. Es posible que desee guardar las sobras dentro del refrigerador.

Coliflor Benedicto

Ingredientes:

- Sal kosher
- Pimienta recién molida
- 1 cucharada de aceite de oliva extra virgen
- Un chorrito de zumo de limón
- 1 barra de mantequilla derretida
- Una pizca de pimienta de cayena
- 2 rebanadas de tocino
- ½ Cabeza de coliflor
- 6 huevos grandes
- 1 taza de queso cheddar rallado
- Una pizca de maicena

- Páprika

- Cebollino

Direcciones:
1. Antes de empezar, pique el cebollino y prepare el pimentón caliente.
2. Triture la coliflor en un rallador de cajas (caja trituradora).
3. Añada y mezcle la coliflor rallada y 1 huevo en un recipiente.
4. Agregue el queso cheddar y la maicena y sazone con sal.
5. Caliente el aceite en una sartén grande a temperatura mediaalta.
6. Añada una cucharada de la mezcla de huevo de coliflor y de forma a las hamburguesas (Repetir hasta que el recipiente esté vacío).
7. Cocine la mezcla de huevo de coliflor hasta que esté crujiente con un color marrón: 5

minutos de cocción por un lado, luego voltee y cocine el otro lado por 5 minutos también.
8. Hierva el agua en una sartén y luego reduzca el fuego para que hierva a fuego lento.
9. Mientras se revuelve el agua añada 1 huevo (no agrietado) para obtener una buena mezcla. Deje cocer durante 3 minutos.
10. Después, coloque el huevo en un plato, una toalla de papel o cualquier otro material para colocar los alimentos que le parezca conveniente. (Repita el proceso para 1 huevo más).
11. Con el agua restante en la cacerola, retire dos pulgadas de agua y reduzca la temperatura del fuego a fuego lento.
12. Coloque un recipiente a prueba de calor en la cacerola.
13. Añada 4 yemas de huevo y jugo de limón y mezcle

14. Agregue la mantequilla y revuelva en movimiento constante hasta que se forme una solución combinada, luego agregue sal y pimienta de cayena.
15. Sirva las hamburguesas de coliflor con tocino, huevos hervidos y la salsa holandesa con cebollino picado y pimentón.

Quiche Sin Corteza

Ingredientes:

- sal kosher, Pimienta negra recién molida
- 8 huevos grandes
- ¼ tazas de leche entera
- ¼ tazas de tomates secos llenos de aceite, picados al sol
- 1 cucharada de mantequilla
- 8 onzas de champiñones cremini, cortados en rodajas finas
- 1 chalota, 2 tazas de espinacas
- Parmesano recién rallado

Direcciones:

1. Antes de comenzar, caliente el horno a 375 grados Fahrenheit.
2. Derrita la mantequilla en una sartén a fuego medio.
3. Agregue los champiñones a la sartén y deje cocinar (sin mezclar) durante 2 minutos.
4. Empiece a remover los champiñones en la sartén durante 5 ó 6 minutos hasta que estén tiernos y dorados.
5. Agregue el chalote y cocine hasta que esté perfumado.
6. Agregue las espinacas y cocine 1 minuto más después de marchitarlas.
7. Agregue sal y pimienta.
8. Mezcle los huevos, la leche, los tomates y el parmesano en un tazón.
9. Ponga la mezcla de champiñones en el bol y agregue más sal y pimienta.

10. Vierta todo en un plato para pastel de 8 a 9 pulgadas y hornee hasta que los huevos estén cocidos de 18 a 20 minutos.
11. Después, déjelo enfriar (se recomiendan 3 minutos) y ya está listo para servir.

Chaffle Keto Cubierto Con Jarabe De Caramelo Salado

Ingredientes:

- 2 cucharada de colágenopolvo
- 1 cucharada de harina de almendras
- 1 cucharada de mantequilla sin sal
- Una pizca de sal
- 1 huevo
- ½ taza de queso mozzarella
- ¼ taza de crema
- ¾ cucharada de eritritol en polvo Una pizca de levadura en polvo

Direcciones:

1. Comience por precalentar su máquina de gofres encendiéndola y poniendo el fuego a medio. Batir Ingredientes: del chaffle que incluyen el huevo, el queso mozzarella, la harina de almendras y el polvo de hornear.
2. Vierta la mezcla en la máquina de gofres. Deja que se cocine hasta que esté dorado. Puedes hacer hasta dos chaffles con este método.
3. Para hacer el jarabe de caramelo, deberá encender la llama debajo de una sartén a fuego medio. Derrita la mantequilla sin sal en la sartén.
4. Luego baje el fuego y agregue colágeno en polvo y eritritol a la sartén y bátalos.
5. Añadir la nata poco a poco y retirar del fuego. Luego agregue la sal y continúe batiendo.
6. Vierta el jarabe en el chaffle y listo.

S

Sándwich De Tocino Keto Chaffle

Ingredientes:

- 2 Cucharada de harina de coco
- 2 tiras de tocino de cerdo o res
- 1 rebanada de cualquier tipo de queso
- 1 huevo
- ½ taza de muzzarella ralladaqueso
- 2 cucharadas de aceite de coco

Direcciones:

1. Para hacer el chaffle, estarás siguiendo la receta típica para hacer un chaffle.
2. Comience calentando su máquina de gofres a fuego medio. En un tazón, bata 1 huevo, ½ taza de queso mozzarella y harina de almendras.

3. Vierta la mezcla en la máquina de gofres. Deja que se cocine hasta que esté dorado. Luego retirar en un plato.
4. Caliente el aceite de coco en una sartén a fuego medio. Luego coloque las tiras de tocino en la sartén.
5. Cocine hasta que estén crujientes a fuego medio. Montar el tocino y el queso en el chaffle.

Ensalada De Col

Ingredientes:

- 1 pimiento verde, en rodajas
- 1 pimiento naranja, en rodajas
- 4 cucharadas cebolletas, picadas
- 4 cucharadas perejil picado
- ¼ taza de jugo de limón 3 cucharadas. Agua
- 1 cucharada Aceite (Oliva Extra Virgen, Semilla de Lino o Udo's Choice)
- 12 cucharaditas chile rojo seco
- 2 tazas de repollo rojo, en rodajas finas
- 2 tazas de repollo verde, en rodajas finas
- 1 zanahoria, rallada

- 1 pimiento rojo, en rodajas

- 1 pimiento amarillo, en rodajas

- aminoácidos líquidos Bragg

Direcciones:

1. Combine todos los ingredientes, mezcle bien, cubra y refrigere al menos media hora antes de servir.

Ensalada Griega Tradicional

Ingredientes:

- 2 tomates, cortados en cubitos
- 5 cebollines, cortados en cubitos
- ½ pimiento verde, cortado en cubitos
- ½ cabeza de lechuga romana
- 1 pepino, cortado en cubitos
- 1 taza de queso feta de soya

Vendaje

- ¼ de cucharadita de sal marina
- ½ cucharadita de orégano
- 13 taza de aceite de oliva
- 2 cucharadas de jugo de lima o limón

- 1 diente de ajo, finamente picado

- 18 cucharadita de pimienta

Direcciones:
1. Lavar y cortar las verduras. Corte la lechuga y colóquela en una ensaladera grande.
2. Agregue pepinos, tomates, cebolletas, pimientos verdes y queso feta.
3. Mezcle Ingredientes: del aderezo y agregue lentamente el aceite de oliva.
4. Espolvorea el aderezo sobre la ensalada.

Envolturas De Pollo Al Estilo Griego, 6 Porciones

Ingredientes:

- 7 tortillas de harina de trigo integral
- 2 cucharada de aceite de oliva
- 6 onzas de asado sin piel, sin hueso y asado
- Pechuga de pollo (alrededor de 1 taza)
- 19cucharadita de pimienta roja molida
- 3 cucharadas de aceitunas (picadas en trozos grandes)
- 3 cucharadas de jugo de limón fresco
- 3 cucharadas de queso feta desmenuzado
- 1 cucharada de orégano fresco (picado)
- 4 pepinos pequeños (picados)

- 7 cucharadas de hummus liso

- 1 taza de tomates uva (a la mitad)

Direcciones:

1. Coloque las aceitunas, los tomates, el jugo, el queso feta, el orégano, el aceite, el pollo, la pimienta y el pepino en un tazón grande y mezcle.
2. Extienda el hummus sobre 2 lado de cada tortilla, y cubra cada tortilla con aproximadamente 2 taza de mezcla de pollo.
3. Enrollar las envolturas y cortar por la mitad.

Salsa Bechamel

Ingredientes:

- 1 cucharada de mantequilla, sin sal
- 19cucharadita de nuez moscada, molida
- 1 cucharadita de sal
- 19cucharadita de pimienta negra
- 1 taza de agua
- 2 cucharadas de cebollas blancas, picadas
- 1 taza de crema espesa
- 3 cucharadas de espesante

Direcciones:
1. Combine todos Ingredientes: en una cacerola pequeñaexcepto la mantequilla y el espesante, y colóquela a fuego medio.

2. Una vez que la mezcla hierva a fuego lento, retire la sartén del fuego y deje reposar durante 15 a 20 minutos.
3. Cuele la mezcla y colóquela nuevamente sobre el calor.
4. Agregue el espesante y cocine la mezcla hasta que espese.
5. Retire la sartén del fuego y agregue la mantequilla. Revuelva hasta que se derrita.

Sopa De Chile Relleno

Ingredientes:

- 2 tazas de chiles poblanos, sin semilla y picados
- 2 tazas de caldo de res
- 1 cucharada de polvo de chile
- 1 cucharadita de canela
- 14 de cilantro fresco picado
- 1 taza de queso Cotija desmoronado
- Aguacate rebanado para decorar
- 1 kilo de carne de res
- 1 taza de cebolla morada picada
- 3 tazas de tomate con líquido

- 4 dientes de ajo picado

- Cilantro adicional para decorar

Direcciones:
1. Prepara tu olla de cocción lenta.
2. Añade l carne, seguido de la cebolla morada, los tomates y el líquido, ajo, y los chiles poblanos.
3. Combina el caldo de res con el polvo de chile, canela y el cilantro. Mezcla y añade a la olla de cocción lenta.
4. Cubre por 4 horas a temperatura alta y 6 horas a temperatura baja.
5. Cerca de una hora antes de servir, remueve la tapa y añade el queso Cotija. Mezcla bien antes de remplazar la tapa y continúa la cocción.
6. Sirve y decora con cilantro y aguacate, si lo deseas.

Sopa De Cebolla Tres Quesos Franceses

Ingredientes:

- 1 cucharada de tomillo fresco
- 6 tazas de caldo de res
- 12 tazas de queso Suizo rallado
- 12 tazas de queso Brie rodajas gruesas
- 6 tazas de cebollas dulces amarillas, delgadamente rebanadas
- 1 cucharada de aceite de oliva
- 1 rama de romero
- 12 taza de queso Parmesano gratinado

Direcciones:
1. Prepara tu olla de cocción lenta

2. Añade las cebollas, seguida del aceite de oliva, el romero y el tomillo. Mezcla.
3. Añade el caldo de res, cubre y cocina a temperatura baja por 4 horas.
4. Precalienta la parrilla de tu horno, y vierte una cuchara de sopa como prueba de calor.
5. Acomoda en capas el queso Brie, suizo, y Parmesano.
6. Ponlo en el horno por 2 o 3 minutos, o hasta que el queso se derrita y caramelice ligeramente.

Cereales Ceto

Ingredientes:

- 1cucharadita sal
- 1 cucharadita de canela
- 12 tazas de mantequilla derretida
- Eritritol, 14 taza
- 1 cucharadita de extracto de vainilla
- harina de almendra (1 taza)
- Harina de coco (1 taza)
- Harina de linaza, 1 taza
- 1 coco (sin azúcar, triturado)
- 2 huevos

Direcciones:

1. Precalentar el horno
2. Combine la harina de almendras, la harina de coco, la harina de linaza, el coco rallado, la sal y la canela en un tazón grande.
3. Batir la mantequilla derretida, el eritritol, el extracto de vainilla y el huevo en otro bol.
4. Revuelva hasta que esté completamente mezclado después de agregar la mezcla húmeda a Ingredientes: secos.
5. Ponga la mezcla en un papel pergamino forrado. Colocar en un horno
6. Hornear hasta dorar Deje que el cereal se enfríe Romper en pedazos
7. poner en un bol Servir con leche de almendras Disfrutar

Mac De Coliflor Y Queso

Ingredientes:

- 2 cucharadas de mantequilla
- 2 harina para todo uso
- 1 cucharadita de ajo en polvo
- 1 cucharadita de cebolla en polvo
- Mostaza en polvo
- (alrededor de ¼ de cucharada)
- Pimentón
- Floretes de coliflor
- 1 cucharadita de sal
- 2 tazas de queso cheddar rallado
- 12 taza de crema espesa

- 14 cucharadita de pimienta negra

Direcciones:

1. Consigue una olla grande Poner agua a hervir en una olla Agregar los floretes de coliflor
2. Cocine por unos 10 minutos
3. Cocine hasta que estén tiernos escurrir la coliflor poner en una licuadora
4. Mezcle bien
5. Agrega el queso cheddar a la licuadora Agregar la crema espesa
6. Mezclar hasta que esté suave
7. Derrita la mantequilla en una olla a fuego medio
8. Agregue la harina, 12 cucharadita. de sal, pimienta negra, mostaza en polvo, ajo en polvo, cebolla en polvo y paprika Cocine hasta que esté fragante Agregue la mezcla de coliflor licuada
9. Agrega más queso cheddar

10. Revuelva hasta que se derrita Revuelva hasta que la salsa esté espesa. Atender Disfrutar

Champiñones Asados Con Nueces, Sémola Y Coliflor

Ingredientes:

- Media taza de nueces picadas
- Cabeza mediana de coliflor
- Una taza de leche baja en grasa
- Media taza de agua
- Una taza de queso cheddar extra picante rallado
- Una cucharada y media de mantequilla
- Cinco onzas de champiñones Portobello cortados a su tamaño preferido
- Dos dientes de ajo frescos picados
- Romero, una cucharada sopera

- Una cucharada de pimentón ahumado

- Una cucharada de aceite vegetal

- Agregue sal para darle un sabor extra si así lo prefiere.

Direcciones:

1. Cubra una bandeja para hornear con papel de aluminio y caliente el horno a 400 grados Fahrenheit.
2. Vierta lentamente el aceite vegetal sobre los hongos, el ajo, las nueces, el pimentón ahumado y el romero, combinados en un plato pequeño.
3. Asegúrese de mezclar todo esto y de esparcir correctamente el aceite durante toda la comida.
4. Tome su bandeja para hornear y asegúrese de tomar su mezcla y colocarla uniformemente, luego espere por 1415 minutos.

5. Mezcle o corte en dados su coliflor a un tamaño muy fino.
6. Caliente una olla mediana con media olla de agua encima. Su coliflor fina se cubre durante cinco minutos hasta que esté tierna y crujiente.
7. Mezcle la leche baja en grasa con la sémola de coliflor y revuelva.
8. Deje cocer a fuego lento durante 3 medios minutos.
9. Agregue la mantequilla y el queso cheddar extra picante y manténgalo a fuego lento.
10. Agregue la cantidad de sal que prefiera con otro cuarto de taza de agua.
11. Lleve la bandeja para hornear con los champiñones hasta que se doren profundamente, y la textura suave esté presente.
12. Su comida se completa poniendo los hongos en su mezcla de coliflor y sirviendo.

Ensalada De Remolacha Fresca Y Bacalao Cocido A La Sartén

Ingredientes:

- Dos onzas y media de alcaparras
- Una cucharada y media de mantequilla o margarina
- Pimienta de maíz con sal
- Dos libras de bacalao fileteado fresco
- Remolachas en dados hervidas

Direcciones:
1. Agregue pimienta y sal al pescado que planea cocinar al nivel de su gusto.
2. Poner el pescado en una sartén a fuego medio durante 3 minutos, por un lado, darle la vuelta y freírlo otros 3 minutos por el otro lado.

3. En un plato, junte los cubos de remolacha de la alcaparra, el jugo de limón, el eneldo y más sal y pimienta.
4. En una olla, ponga a hervir su brócoli de coliflor y zanahorias en agua que esté programada para aproximadamente 5 minutos.
5. Consiga una cacerola que tenga un fondo grueso y caliéntela a fuego medio.
6. A continuación, coloque la mantequilla cortada en cubos, luego bata la mantequilla hasta que alcance el color dorado en la sartén que ha calentado.
7. Apague el fuego de la mantequilla.
8. Ponga la tarjeta en un plato con las verduras que hirvió y vierta la mantequilla sobre ellas. Además, pon las remolachas al lado.

La Barra De La Mañana Cetogénica

Ingredientes:

- 2 huevos grandes
- 1 cucharada. de extracto de vainilla sin azúcar
- 1 cucharada. de edulcorante natural Truvia
- Una pizca opcional de canela o especias para pastel de calabaza.
- 2 ½ tazas de frutos secos y semillas mixtas (puedes combinar nueces, semillas de girasol, almendras y avellanas, con nueces de macadamia)
- ½ taza de semillas de lino
- 2 cucharadas. de mantequilla de almendras

Para la llovizna de chocolate opcional, necesitará los siguientes ingredientes:

- 1 onza . de chocolate sin azúcar cacao

- 1 cucharada. de aceite de coco.

Direcciones:

1. Precaliente el horno a aproximadamente 350 grados F, y mezcle su mezcla de nueces y semillas en una licuadora o con la ayuda de un batidor de mano. Asegúrese de no pulverizar la mezcla y la razón es que usted quiere que la textura final parezca crujiente.
2. Por lo tanto, debe mantener algunos trozos de grasa mezclados con los más pequeños. Agregue Ingredientes: restantes y mezcle bien para lograr una mezcla más densa y pegajosa.
3. Tome una bandeja para hornear pequeña y cúbrala con papel pergamino, luego vierta la mezcla en la fuente para hornear y presione suavemente hacia abajo antes de distribuir la mezcla uniformemente en una sola capa densa, dentro de la bandeja para hornear.

4. Hornea la mezcla durante unos 20 minutos hasta que se dore. Con la ayuda de un cuchillo afilado, corte la mezcla cocida en 16 piezas o barras y refrigérelas antes de servir, o prepare primero la llovizna de chocolate.
5. Para hacer la llovizna de chocolate opcional, derrita el chocolate junto con el aceite de coco dentro de un tazón y coloque el tazón sobre agua hirviendo. Asegúrese de que la mezcla de llovizna de chocolate se enfríe hasta que corra lentamente.
6. Si la llovizna corre demasiado y está caliente, vale la pena penetrar a través de las rejas. Por lo tanto, debe asegurarse de que no funcione demasiado y que esté bien refrigerado.
7. Rocíe las barras con el chocolate y asegúrese de que las barras estén completamente cubiertas antes de servir.

Las Barras De Coco Y Macadamia

Ingredientes:

- ½ taza de mantequilla de almendras
- ¼ de taza de una taza de aceite de coco
- 5 cucharadas de coco rallado sin azúcar
- 2 tazas o 60 gramos de nueces de Macadamia
- 15 gotas de stevia de hoja dulce.

Direcciones:

1. Consigue un procesador de alimentos o con la ayuda de tu mano tritura solo las nueces de macadamia.
2. Toma un tazón para mezclar y adentro combina la mantequilla de almendras con el aceite de coco y el coco rallado.
3. Agregue las gotas de stevia y las nueces de macadamia trituradas.

4. Mezcle muy bien la masa antes de verterla en una fuente para hornear forrada con papel pergamino.
5. Hornee durante unos 15 minutos, luego enfríe y sirva de inmediato. De lo contrario, puedes guardarlo dentro del refrigerador.

Grain Free Flax Waffles

Ingredientes:

- 2 cucharadas. de leche (sin lácteos)

- 1 cucharadita de jugo de limón o vinagre de sidra de manzana

- ½ cucharadita de bicarbonato de sodio

- ½ cucharadita de extracto de vainilla

- ½ cucharadita de sal marina

- ½ taza de harina de semilla de lino dorado (molido)

- 2 huevos de pastoreo medianos a grandes

- 1 cucharadita de aceite de coco

- Necesitas un spray para tu waflera; esto podría ser aceite de oliva.

Direcciones:

1. Caliente su máquina para hacer gofres enchufándola y luego tome un tazón donde pueda mezclar Ingredientes: hasta crear una masa suave.
2. Es posible que desee agregar una leche adicional solo para que quede más uniforme. Una vez que obtiene la luz verde de la gofrera, la rocía con el aceite de oliva con la ayuda de un maestro.
3. Agregue la masa y siga las DIRECCIONES: adicionales de la waflera. La batería debe proporcionar hasta 5 gofres (estilo belga).
4. Puedes complementar los waffles con algunos arándanos y una cucharada de batido de coco.
5. También puede agregarles un poco de mermelada de bayas o jarabe de arce para crear un desayuno delicioso.

El Mejor Shakshuka De La Historia

Ingredientes:

- 1 diente de ajo picado

- 1 pimiento sin semillas y picado

- 4 tazas de tomates maduros cortados en cubitos 2 latas de 14 onzas de tomates cortados en cubitos

- 2 cucharadas de pasta de tomate

- 1 cucharadita de chile con leche en polvo

- 1 cucharadita de comino

- 1 cucharadita de pimentón

- Una pizca de pimienta de cayena (opción de añadir más para el gusto)

- Una pizca de azúcar (manténgala baja para evitar carbohidratos)

- 1 cucharada de aceite de oliva

- ½ Cebolla pelada y picada

- Sal y pimienta

- 6 huevos

- ½ cucharada de perejil fresco picado (opcional para decorar)

Direcciones:

1. Antes de empezar, caliente una sartén grande a fuego medio.
2. Caliente lentamente el aceite de oliva en la sartén).
3. Añada la cebolla y cocine hasta que se ablande.
4. Agregue el ajo y continúe cocinando hasta que haya un cambio en el aroma.
5. Añada el pimiento y cocine de 5 a 7 minutos a fuego medio hasta que se ablande.

6. Agregue la pasta de tomate y los tomates cortados en dados a la sartén. Revuelva hasta que se mezclen.
7. Agregue las especias y el azúcar, luego revuelva de 5 a 7 minutos hasta que hierva a fuego lento.
8. En esta fase, añada los accesorios opcionales para determinar el sabor.
9. Agregue los huevos en diferentes lugares del plato (directamente sin batir o mezclar con la mezcla en la sartén).
10. Cocine a fuego lento de 10 a 15 minutos. Nota: Asegúrese de que la salsa no reduzca demasiado.
11. (Opcional) Déjelo reposar un poco más para que la mezcla pueda solidificarse.

Frittata

Ingredientes:

- 8 onzas de flores de brócoli picado
- 3 cebollas verdes picadas,
- 2 onzas de queso cheddar rallado
- 1 taza de agua
- 6 huevos
- ½ cucharadita de sal marina fina
- Pimienta negra (molida)
- Aerosol de cocina, Olla Instantánea

Direcciones:

1. Mezcle los huevos, la sal, la pimienta negra, luego agregue el brócoli picado, las cebollas verdes y el queso cheddar.

2. Aplique aerosol de cocina en una sartén de 7 pulgadas y luego agregue la mezcla.
3. Vierta el agua (1 taza) en una olla instantánea y coloque un trébol sobre ella para mantener la olla por encima del agua.
4. Coloque la sartén con la mezcla de frittata encima del trébol y asegure la tapa, luego use la olla a presión o el botón manual de su máquina para cocinar a alta presión durante 10 minutos.
5. Después, deje que libere la presión durante otros 10 minutos (sin cocinar).
6. A continuación, abra el respiradero para liberar más presión (si queda alguna).
7. Retire la válvula después de que la válvula flotante en la tapa caiga (lo que indica que es seguro retirarla). Nota: Tome precauciones al retirar la bandeja de frittata.

8. Si ve líquido en la parte superior, se solidificará poco después de un poco de evaporación mientras se enfría.
9. Sirva el plato cortando la frittata en 4 rebanadas.

Gofres De Chocolate Keto

Ingredientes:

- 1 cucharada de harina de coco
- 1 cucharada de cacao en polvo
- 1 huevo
- ¾ Oz de queso crema
- 1 cucharadita de extracto de vainilla

Direcciones:

1. Comience preparando una mezcla de chaffle. En un tazón, agregue 1 huevo, 1 onza de queso crema, 1 ½ cucharada de harina de coco y bata bien.
2. Luego agregar el extracto de vainilla en polvo de cacao y seguir batiendo.

3. Cuando la mezcla tenga una consistencia espesa, precalentar la waflera y agregarle la mezcla.
4. Cierra la gofrera y luego espera alrededor de 3 minutos hasta que el gofre esté dorado.
5. Para obtener los mejores resultados, asegúrese de evitar echar un vistazo a la máquina antes de tiempo.
6. Una vez hecho esto, sus gofres de chocolate dulce están listos para comer.

Chaffle Crujiente De Calabacín

Ingredientes:

- 1 calabacín fresco

- 1 taza de queso cheddar desmenuzado o rallado 2 pizca de sal

- 1 cucharada de cebolla (picada)

- 2 huevos

- 1 diente de ajo

Direcciones:

1. Comience precalentando la máquina para hacer gofres a fuego medio. La mejor manera de hacer un chaffle es hacerlo con capas.
2. Comience cortando las cebollas y machacando el ajo. Luego usa el rallador para rallar los calabacines. Luego tome un tazón y agregue 2 huevos y agregue el calabacín rallado al tazón.

3. Además, agregue las cebollas, la sal y el ajo para darle más sabor. También puede agregar otras hierbas para darle a su zaffle un sabor más crujiente. Luego espolvoree una taza de queso encima de la máquina de gofres.
4. Agregue la mezcla del tazón a la máquina de gofres. Agregue el queso restante encima de la máquina de gofres y cierre la máquina de gofres. Asegúrese de que el waffle se cocine durante aproximadamente 3 a 5 minutos hasta que se dore.
5. Mediante el método de capas, logrará el crujiente perfecto. Saque sus chaffles de calabacín y sírvalos calientes y frescos.

Ensalada Super Fiesta

Ingredientes:

- ½ cucharadas ajo picado
- 1 cebolla roja pequeña, picada en trozos grandes
- ¼ de cucharadita pimienta
- 1 lata de chiles verdes picados
- ¼ de cucharadita sal marina
- ¼ taza de cilantro fresco, picado
- 2 tomates, en rodajas
- 3 cucharadas salsa
- 1 pepino, en rodajas y pelado
- 2 cucharadas jugo de limon

- 1 de cada pimiento morrón rojo, verde y amarillo, picado

- ¼ de cucharadita comino molido

Direcciones:

1. Combine Ingredientes: y enfríe durante una hora. Sirve sobre una cama de lechuga o con totopos.

Ensalada De Aguacate Sunburst

Ingredientes:

- 1 aguacate sin semillas y cortado en cubitos
- 1 toronja rosada, cortada y pelada
- 18 taza de almendras tostadas, picadas
- 4 tortillas de trigo integral germinadas
- 12 paquete de tofu
- 1 12 cucharadas. salsa chilena
- 1 Ensalada Orgánica Envasada

Direcciones:
1. Coloque las tortillas sobre la parte superior de un tazón mediano y hornee a 350 grados F durante 10 minutos.
2. Retire las tortillas y enfríe. Combine el tofu y la salsa de Chile en un tazón mediano.

3. Cubra y enfríe durante 20 minutos. Agregue el aguacate, la toronja y las almendras.
4. Acomode las verduras en copas para tortillas y vierta la ensalada encima y sirva.

Salsa Bearnesa

Ingredientes:

- 2 yemas de huevo
- 3 cucharadas de chalotes, picados
- 19cucharadita de pimienta negra
- 18cucharadita de sal
- 8 cucharadas de vinagre de vino blanco
- 1 taza de mantequilla, sin sal
- 1cucharadita de estragón

Direcciones:

1. Coloque el estragón, los chalotes y el vinagre en una caldera doble.
2. Cocine por unos 5 a 10 minutos.
3. Agregue la yema de huevo en la mezcla y bata hasta que esté espeso.

4. Poco a poco agregue la mantequilla y mezcle bien.
5. Una vez espeso, retire del fuego y sazone al gusto.

Mayonesa

Ingredientes:

- 2 cucharaditas de mostaza Dijon
- 3 yemas de huevo
- 2 cucharadita de sal
- 5 cucharaditas de jugo de limón
- 13cucharadita de pimienta negra
- 1 taza de aceite de oliva, extra virgen

Direcciones:

1. Mezcle las yemas de huevo, la mostaza, la sal, la pimienta negra y el jugo de limón en un tazón.
2. Agregue lentamente aceite de oliva en la mezcla mientras revuelve constantemente.

3. Continuar agitando hasta obtener la consistencia deseada.

Salsa De Eneldo

Ingredientes:

- ¾ taza ramita de eneldo
- 112 cucharada de mostaza de Dijon
- 1 taza de mayonesa
- 2 cucharada de jugo de limón
- taza de crema agria
- 3 cucharadas de crema espesa

Direcciones:
1. Combine todos Ingredientes: en un tazón y mezcle bien. Sazone al gusto.
2. Cubra y deje que se enfríe en el refrigerador durante al menos 30 a 35 minutos.

Pollo Relleno De Cangrejo Y Parmesano

Ingredientes:

- 1 cucharadita salvia para frotar
- 1 cucharadita estragón
- 1 taza de caldo de pollo
- 2 cucharadas de mantequilla, en cuadros
- 1 taza de espinaca fresca cortada
- 4 pechugas de pollo sin hueso, estilo milanesa
- 12 kilo de carne de cangrejo
- 1 cucharada de chalotes picados
- 1 cucharadita ralladura de limón

- 3 tazas de espagueti de calabaza (solo el interior)

- 12 taza de queso parmesano gratinado fresco

Direcciones:
1. Prepara tu olla de cocción lenta.
2. En un recipiente combina el cangrejo, chalotes y la ralladura de limón.
3. Esparce la mezcla en cantidades iguales en el centro de cada pechuga de pollo.
4. Enrolla el pollo y asegúralo con hilo de cocinar. Ponlo aparte.
5. En otro recipiente, combina el espagueti de calabaza, la sábila, estragón y la mantequilla.
6. Ponlo dentro de la olla de cocción lenta.
7. Esparce en espagueti al rededor y encima del pollo, vierte el caldo de pollo al rededor.
8. Cúbrelo y cocina por 6 horas a cocción lenta.

9. En los últimos 30 minutos de cocción, vierte la espinaca y el queso parmesano. Cocina hasta que la espinaca seque y el queso se derrita.

Pollo Tailandés Marinado

Ingredientes:

- 14 de taza de yogurt natural
- 1 taza de cebolla amarilla, rebanada
- 2 taza de champiñones varios, rebanados
- 2 taza de calabacín, rebanado
- 2 taza de espárragos, cortados en 2 pulgadas
- 1 taza de caldo de pollo
- 2 cucharadita de aceite de sésamo
- 1 kilo de pechuga de pollo sin piel ni hueso, en tiras
- 14 de taza de salsa de soya
- 2 cucharadita de jugo de lima

- 14 de taza de albahaca fresca, picada
- 1 cucharadita de jengibre fresco, rallado
- Semillas de sésamo para decorar

Direcciones:
1. Prepara tu olla de cocción lenta.
2. En un recipiente combina la salsa de soya, jugo de lima, jengibre y el yogurt.
3. Cubre el pollo con la mezcla de salsa por ambos lados.
4. Puedes ponerlo en el refrigerador por 8 horas para marinar, o puedes ponerlo inmediatamente en la olla de cocción lenta y proceder con las siguientes instrucciones.
5. Añade la cebolla, champiñones. calabacín. y los espárragos.
6. Combina en caldo de pollo con el aceite de sésamo y añádelo a la olla de cocción lenta.
7. Cúbrelo y cocina por 4 horas en temperatura alta, o 6 horas a cocción lenta.

8. Sirve decorado con las semillas de sésamo, si así lo deseas.

Corteza De Pizza De Coliflor

Ingredientes:

- 1 cabeza de coliflor rallada
- 1 taza de queso mozzarella
- Queso parmesano rallado
- 1 huevo
- condimento italiano
- Sal al gusto
- Pimienta negra

Direcciones:
1. Precalentar el horno a unos 220 celsius Poner la coliflor rallada en un bol que pueda ir al microondas
2. cocínalo ahí de 8 a 10 minutos Cocine hasta que esté tierno

3. Después de dejar que la coliflor se enfríe un poco, colócala en un bol.
4. Saca tanta humedad de la coliflor como puedas
5. Combine la coliflor colada, la mozzarella, el queso parmesano, el huevo, el condimento italiano, la sal y la pimienta negra en un tazón grande.
6. En una bandeja para hornear con papel pergamino debajo, distribuya uniformemente la mezcla de coliflor y presione hasta formar una capa delgada.
7. Hornear hasta que estén dorados y crujientes. Agregue Ingredientes: deseados Atender Disfrutar

Pastel De Chocolate Keto

Ingredientes:

- 12 taza de eritritol
- 12 taza de mantequilla sin sal
- 4 huevos
- Aproximadamente ¼ de cucharada de sal
- 1 cucharadita de extracto de vainilla
- 1 y 12 tazas de harina de almendras
- 12 taza de cacao en polvo
- 1 cucharadita de levadura en polvo
- leche de almendras

Direcciones:
1. Precalentar el horno

2. Se debe engrasar un molde redondo para pasteles y dejarlo a un lado.
3. Mezcle la harina de almendras, el polvo de hornear, la sal y el cacao en polvo en un tazón mediano
4. Bate el eritritol y la mantequilla hasta que quede suave en un tazón grande aparte.
5. Uno a la vez, batir los huevos, luego la esencia de vainilla (extracto)
6. Agregar Ingredientes: secos a Ingredientes: húmedos
7. Añadir la leche de almendras. Mezclar hasta conseguir una masa homogénea.
8. Vierta la masa en el molde para pasteles preparado luego use una espátula para alisar la superficie Hornear durante 30 minutos
9. Retire la torta del horno Dejar enfriar Atender Disfrutar

Tazón De Cerdo Y Vegetales Asiáticos

Ingredientes:

- Medio pimiento serrano
- Tres onzas de hongos marrones frescos o enlatados
- 4 onzas de repollo bok choy
- Un tomate de jardín fresco o una lata pequeña de tomates
- Una sola pastilla de caldo de pollo deshidratado
- Una cucharada de tamarindo
- Una cucharada de aceite de oliva virgen extra.
- Tres cebollas verdes frescas
- Un cuarto de onza de cilantro
- Un diente de ajo fresco.

- Un cuarto de onza de jengibre

- 9 onzas de lomo de cerdo, solomillo

Direcciones:

1. Comience cortando la cebolla verde fresca en trozos pequeños.
2. Arranque los tallos de sus hongos frescos.
3. En trozos de un cuarto de pulgada, corte en dados sus hongos marrones, luego busque su cilantro y córtelo en trozos pequeños de su preferencia.
4. Querrás sacar tu jengibre a continuación y cortarlo muy fino.
5. Tome los hongos y córtelos en trozos finos como el jengibre, reserve ambos en un área separada.
6. Continúe removiendo todas las semillas de su pimiento serrano y luego tírelo a la basura.
7. Córtelo en un grado muy fino y colóquelo a un lado con sus otros Ingredientes:listos para

usar y corte el extremo de su bok choy y córtelo en rodajas finas.

8. Corte su tomate por la mitad, luego corte esas mitades en tercios y colóquelas a un lado.
9. Después de tomar una toalla de papel para secar el lomo de cerdo, asegúrese de cortarlo en trozos de un cuarto de pulgada.
10. Caliente una sartén mediana con una cucharada de aceite de oliva virgen extra.
11. Cuando la sartén se haya calentado, coloque el lomo en la sartén y deje cocinar de dos minutos y medio a tres minutos hasta que se dore crujiente y esté completamente cocido por ambos lados.
12. Retire cuando esté listo y coloque el lomo a un lado.
13. Cómprese otra olla y ponla a hervir con el caldo de pollo, la salsa de tamarindo y dos tazas de agua lista para cocinar a fuego alto.

14. Añada los hongos, el serrano, el ajo y el jengibre,
15. y el repollo bok choy de su bebé y cocine todo esto a fuego medio a medio alto hasta que los hongos estén blandos durante cuatro a seis minutos.
16. Tome su carne de cerdo, tomate y cebollas verdes, luego agregue el cilantro y caliente por un minuto.
17. Ahora puede apagar el fuego y servir la comida a sus invitados o a usted mismo.

Hamburguesas Con Salsa De Tomate Y Una Guarnición De Repollo Frito

Ingredientes:

- Dos onzas y media de perejil que es preferiblemente de un jardín fresco o fresco de la tienda
- Dos cucharadas de mantequilla o margarina
- Una cucharada de aceite de oliva virgen extra
- Dos libras de carne molida
- Un solo huevo
- Dos onzas de queso feta que ya están desmenuzadas.

De la col frita

- Una libra y media de repollo verde que se desmenuza finamente en trozos más pequeños

- Cinco onzas de mantequilla

- Sal y pimienta a su gusto

Direcciones:
1. Tome todos sus Ingredientes:para sus hamburguesas y agregue la hamburguesa a un tazón grande.
2. Use una cuchara de madera grande y mézclalos todos juntos.
3. Use tus manos para hacer ocho hamburguesas.
4. Tome una sartén y añadir mantequilla y aceite de oliva virgen extra.
5. Ponga la sartén a fuego medio durante diez minutos o hasta que las hamburguesas estén bien doradas,
6. Cocine ambos lados uniformemente.

7. Mezcle la pasta de tomate y la crema en un tazón.
8. Combine esta mezcla con la sartén cuando las hamburguesas estén casi listas.
9. Deje que la mezcla en la sartén y deje que se cocine a fuego lento, luego agregue los niveles deseados de sal y pimienta.
10. Agregue perejil encima de la comida antes de servir.
11. Usando un procesador de alimentos o un cuchillo afilado, asegúrese de que su col esté desmenuzada.
12. Agregue mantequilla o margarina a una sartén.
13. Para la porción de repollo, cocine el repollo a fuego medio a medioalto durante unos dieciséis minutos hasta que su repollo tenga un bonito color marrón dorado en los bordes.
14. Mezcle y añada mantequilla o margarina a la col.

15. Deje que la sartén hierva a fuego lento por unos minutos, luego sirva su col con hamburguesas.

Receta Chafle De Coliflor

Ingredientes:

- Pimienta negro
- ½ taza de muzzarella rallada
- ½ taza de parmesano ralladoqueso
- 1 taza de coliflor rallada
- 1 diente de ajo
- 1 huevo

Direcciones:

1. Agregue la coliflor rallada, el ajo, la pimienta, el huevo y la mozzarella rallada a una licuadora.
2. Enciende la licuadora y bate todos Ingredientes: juntos. Luego precaliente la máquina de gofres a fuego medio.

3. Cuando la máquina de gofres se caliente lo suficiente, tome media taza de queso parmesano y extiéndalo sobre la máquina de gofres.
4. Luego vierte la mezcla sobre el queso. Cubra la mezcla con otra capa de queso parmesano y cierre la tapa de la máquina.
5. Asegúrate de dejarlo cocinar de 5 a 6 minutos. No es necesario precocer la coliflor antes de hacer estos chaffles.
6. Son perfectos para los desayunos de la mañana. Para obtener los mejores resultados, asegúrese de no abrir la máquina hasta que el waffle esté completamente cocido.
7. Luego sírvalas frescas y calientes. Podrás hacer 2 chaffles de tamaño completo de esta manera.

Chafle De Mantequilla De Cacahuete

Ingredientes:

- ½ taza de queso cheddar
- 2 cucharada de mantequilla de maní
- 1huevo
- Unas gotas de extracto de vainilla

Direcciones:

1. Para hacer deliciosos chaffles de mantequilla de maní. Toma un rallador y ralla un poco de queso cheddar.
2. Agregue un huevo, queso cheddar, 2 cucharadas de mantequilla de maní y unas gotas de extracto de vainilla.
3. Bate estos Ingredientes:hasta que la masa sea lo suficientemente consistente.
4. Luego espolvorea un poco de queso rallado como base sobre la waflera.
5. Vierta la mezcla encima de la máquina de gofres.

6. Espolvorea más queso encima de la mezcla y cierra la máquina de gofres.
7. Asegúrese de que el waffle esté completamente cocido durante unos minutos hasta que estén dorados. Luego retíralo y disfruta de tus chaffles deliciosamente cocinados.

Ensalada De Pepino

Ingredientes:

- 2 cucharadas perejil picado
- 13 taza de menta finamente picada
- 1 cucharada Jugo de limon
- 2 tazas de pepinos, picados
- 1 cucharada Aceite de oliva o aceite de semilla de lino

Direcciones:
1. Combine los pepinos, el perejil, la menta, el jugo de limón y el aceite en un tazón pequeño. Mezcle juntos.
2. Enfriar durante varias horas o toda la noche. Revuelva antes de servir.

Ensalada Arco Iris

Ingredientes:

- Zanahorias ralladas
- Coles
- Calabaza rallada (por ejemplo, calabaza moscada, calabacín amarillo)
- Guisantes verdes frescos de la vaina
- Repollo rojo rallado
- Remolachas ralladas
- Campana roja, amarilla y naranja
- Chiles jícama rallados
- Pepinos

Direcciones:

1. En una ensaladera grande, agregue verduras frescas, limpias y secas (hojas tiernas, espinacas, lechuga, etc.).
2. Organice Ingredientes: desde los colores oscuros más profundos hasta los más claros.
3. Cubra con un aderezo de jugo de limón y aceite deseado y una pizca de semillas de sésamo.

Salsa Cremosa De Hierbas

Ingredientes:

- 1 cucharada de cebollino picado
- taza de crema espesa
- 1 cucharada de perejil
- 1 cucharadita de mantequilla, sin sal
- 18cucharadita de pimienta negra
- 14cucharadita de sal
- 1 cucharada de albahaca
- 1 cucharada de jugo de almeja, natural.
- 2 cucharaditas de espesante
- 1 cucharada de chalota, picada

Direcciones:

1. Con una cacerola, saltee los chalotes en mantequilla a fuego medio durante un minuto.
2. Agregue el jugo de almeja y deje que se cocine hasta que se reduzca a la mitad.
3. Agregue Ingredientes: restantes a excepción del espesante.
4. Una vez que la mezcla hierva, cocine por un minuto y retírelos del fuego. Agregue el espesante y revuelva bien.
5. Dejar reposar durante 2 a 5 minutos.

Salsa De Mantequilla Marrón

Ingredientes:

- 19cucharadita de pimienta negra
- 1taza de mantequilla, sin sal
- 1 cucharada de jugo de limón
- 1cucharadita de sal

Direcciones:
1. Coloque una sartén a fuego medio.
2. Agregue la mantequilla y cocine por unos 5 a 10 minutos.
3. Una vez que comience a dorarse, retire la mantequilla del fuego.
4. Agregue Ingredientes: restantes y revuelva bien.

Salsa Carbonara

Ingredientes:

- ¾ taza de crema espesa
- 6 rebanadas de tocino
- 2 huevos
- 1 cucharadita de ajo, picado
- 19cucharadita de pimienta negra
- 1taza de queso parmesano, rallado

Direcciones:

1. Coloque la sartén a fuego medio y cocine el tocino hasta que esté crujiente.
2. Transfiera a toallas de papel y pique.
3. Retire la grasa de tocino de la sartén hasta que solo queden 2 a 5 cucharadas de sopa.

4. Saltear el ajo por 30 a 35 minutos, luego agregar el queso, la crema y la pimienta.
5. Cocine hasta que el queso se derrita.
6. Bate los huevos ligeramente en un tazón y agregue lentamente la mezcla de crema.
7. Una vez combinados, vierta la mezcla en una sartén y reduzca el fuego a bajo.
8. Llevar a fuego lento mientras se revuelve con frecuencia.
9. Una vez espeso, retire del fuego y agregue el tocino.

Pollo Al Arándano

Ingredientes:

- 12 taza de sidra de manzana
- 12 taza de caldo de pollo
- 1 cucharada de vinagre de sidra de manzana
- 1 cucharadita mostaza molida de piedra
- 1 cucharadita de canela
- 12 cucharadita de clavo molido
- 2 kilos de pollo en piezas con hueso y piel
- 3 tazas de papas dulces en cubos
- 1 taza de arándanos
- 1 cucharada de chalotes
- 12 taza de apio en cubos

- 12 taza de nueces picadas

Direcciones:
1. Prepara tu olla de cocción lenta.
2. Añade el pollo a la olla de cocción lenta, seguido de las papas, arándanos, chalotes, apio y nueces.
3. En un recipiente, combina la sidra de manzana, el caldo de pollo, el vinagre, la mostaza, la canela, y los clavos. Vierte la mezcla sobre el pollo y los vegetales.
4. Cubre y cocina por 6 horas en cocción lenta.

Elegante Pollo Con Champiñones

Ingredientes:

- 14 de taza de vino blanco semidulce
- 14 de taza de crema entera
- 2 cucharadita de salvia
- 1 cucharadita de tomillo
- 1 cucharadita de sal
- 1 c de pimienta
- 1 kilo de pechuga de pollo sin piel ni hueso
- 2 taza de champiñones blancos chicos, rebanados
- 1 taza de cebolla morada rebanada
- 2 cucharadas de aceite de oliva

- 12 de taza de caldo de pollo
- Ensalada verde fresca o fideos de calabacín por porción.

Direcciones:
1. Prepara tu olla de cocción lenta.
2. Añade el pollo a la olla de cocción lenta seguida de los champiñones, la cebolla morada y el aceite de oliva. Mueve para mezcla.
3. En un recipiente, combina el caldo de pollo, el vino, la crema, la salvia, el tomillo, sal y pimienta. Mezcla y añade a la olla de cocción lenta.
4. Cúbrelo y cocina por 4 horas en temperatura alta o 6 horas en cocción lenta.
5. Sirve con ensalada o el calabacín.

Panqueques Cetogénicos

Ingredientes:

- harina de almendra (alrededor de 1 taza)
- Un cuarto de taza de harina de coco
- Levadura en polvo (alrededor de 1 cucharadita)
- leche de almendras sin azúcar
- 3 huevos
- 2 cucharadas de aceite de coco derretido
- Extracto de vainilla (1 cucharadita)
- endulzante de tu preferencia, al gusto

Direcciones:

1. Mezcle la harina de almendras, la harina de coco, el bicarbonato de sodio y la sal en un tazón mediano.
2. Bate la leche de almendras, los huevos, el aceite de coco y el extracto de vainilla en otro bol.
3. Después de agregar los componentes húmedos, mezcle bien Ingredientes: secos. incluir edulcorante
4. Calentar una sartén grande Cubra con aceite en aerosol
5. Ponga la masa en la sartén, poco a poco
6. Cocine durante 2 a 3 minutos, o hasta que aparezcan burbujas en la superficie.
7. Aproximadamente 12 minutos más de tiempo de cocción, voltee y cocine hasta que el otro lado esté dorado
8. Haz lo mismo con el resto de la masa.

Lasaña De Boniato

Ingredientes:

- 2 dientes de ajo picados
- Salsa de tomate (1 taza o dos)
- 1 taza de queso mozzarella (rallado)
- Perejil (recién picado)
- 5 batatas grandes (en rodajas finas)
- 1 libra de carne, molida (como carne de res, cerdo o pavo)
- Picada una cebolla mediana
- Sal al gusto
- Pimienta

Direcciones:

1. Precalentar el horno La carne molida debe cocinarse en una sartén grande a fuego medio hasta que se dore.

2. Drenar cualquier exceso de grasa Agregue la cebolla y el ajo a la sartén.
3. Cocine hasta que esté transparente Agregue la salsa de tomate y el perejil.
4. sazonar con sal
5. Agregar pimienta al gusto Las rodajas de camote deben cubrir el fondo de una cacerola de 9x13 pulgadas
6. Agregue una capa de la mezcla de carne encima de las batatas.
7. Repita las capas hasta que llene el plato Finalice la capa con batatas encima
8. Espolvorear queso mozzarella sobre las papas Cubrir con un papel de aluminio
9. Hornear durante 30 minutos Retire la lámina Hornear por 12 minutos más El queso ya debería estar derretido.
10. Dejar enfriar unos minutos Disfrutar

Ensalada César Especial Keto

Ingredientes:

- Siete onzas de lechuga romana
- La cantidad deseada de aderezo de queso parmesano recién rallado
- Media taza de mayonesa
- Una cucharada de mostaza
- La mitad de un jugo de limón o de limón
- Dos cucharadas de anchoas fileteadas cortadas
- Dos dientes de ajo cortados finamente
- Dos cuartos de libra de pechuga de pollo
- Una cucharada de aceite de oliva virgen extra
- Sal y pimienta a su gusto

- Dos y media onzas de tocino

- Un chorrito de cada uno de sal y pimienta

Direcciones:

1. Ponga la temperatura de su horno a 375° fahrenheit y precaliéntelo hasta que alcance su temperatura.
2. Revuelva todos ingredientes: para el aderezo. Esta es la sal y la pimienta a su gusto.
3. Dos y media onzas de tocino Siete onzas de lechuga romana
4. La cantidad deseada de aderezo de queso parmesano recién rallado
5. Media taza de mayonesa Una cucharada de mostaza La mitad de un jugo de limón o de limón
6. Tome la pechuga de pollo y colóquela en un molde para hornear que haya engrasado.
7. Espolvoree el pollo con sal y pimienta.
8. Completar con aceite de oliva virgen extra

9. Cocine el pollo a fondo durante unos veinte minutos hasta que esté tierno.
10. Cocine el tocino hasta que esté bien crujiente,
11. Coloque la lechuga picada en un plato junto con el pollo cortado y coloque el tocino desmenuzado encima.
12. Disfruta de tu fiesta con el aderezo que has preparado.

Salchicha Asada

Ingredientes:

- Una berenjena, un pimiento rojo

- Un pimiento amarillo, una cucharada de aceite de oliva virgen extra

- Una cucharada de tomillo seco

- Doce hamburguesas de salchicha italiana

- Una cucharada de romero también seco, una pizca de sal

Direcciones:

1. Prepare su horno para cocinar a 400 grados fahrenheit.
2. Corta tus hamburguesas de salchicha dos o tres veces.
3. Prepare la salchicha poniendo una hoja de cocine con aceite.

4. Corte su calabacín en tamaños que puedan caber en su boca.
5. Pele la berenjena y los pimientos y córtelos en rodajas más grandes.
6. Ponga todo lo que ha hecho hasta ahora en una bandeja para hornear y ponga sal y pimienta encima y luego vierta el aceite sobre la bandeja.
7. Hornee sus salchichas y verduras durante unos 35 a 40 minutos.
8. Cuando termine, sirva la comida.

Waffles De Proteína De Avellana Con Chocolate Cetogénico

Ingredientes:

- 3 cucharadas de edulcorante natural swerve (un eritritol granulado)
- 4 huevos
- 13 de taza de yogur griego (Full fat)
- 2 23 cucharadas de aceite de avellana
- ½ cucharadita de extracto de avellana
- 1 ¼ tazas de harina de avellana
- ½ taza de proteína de chocolate en polvo
- 2 cucharadas. de cacao en polvo 2 cdas. de harina de coco
- ¼ cucharada de extracto de stevia.

Direcciones:

1. Precaliente la plancha para gofres a la carne y luego precaliente el horno a aproximadamente 200 grados F.
2. Coloque una rejilla encima de la bandeja para hornear. Toma un tazón grande y adentro, mezcla la proteína en polvo junto con la harina de avellana, el edulcorante, la harina de coco y el cacao en polvo.
3. Tome otro tazón pequeño a mediano y adentro, bata el huevo junto con el yogur, el aceite de avellana, la stevia y el extracto de avellana y mezcle perfectamente hasta que se combinen adecuadamente.
4. Si es necesario, puede engrasar la plancha para gofres y luego verter una cuarta parte de la masa en cada sección de la plancha para gofres, cerrar la plancha para gofres y luego cocinar los gofres hasta que adquieran un color marrón claro y una textura crujiente.

5. Transfiera suavemente los gofres cocidos a la bandeja para hornear en el horno para mantenerlos calientes. Cocine la masa restante dentro de la waflera y luego transfiérala al horno. Cubra los waffles con mantequilla, bayas, crema batida, jarabe sin azúcar y sirva.

El Gluten – Pan De Coco Y Almendras Sin Gluten

Ingredientes:

- ¼ cucharada de sal

- 1 cucharadita de bicarbonato de sodio

- 4 5 huevos grandes

- ¼ de taza de aceite de coco

- 1 cucharadita de un edulcorante natural como la stevia

- 1 3 4 cucharadas de harina de almendras

- 1 ½ cucharada de harina de coco

- ¼ de taza de linaza molida

- 1 cucharada. de vinagre de sidra de manzana

Direcciones:

1. Precaliente el horno a aproximadamente 350 grados F y luego engrase la hogaza del molde.
2. Mezcle la almendra y la harina de coco, junto con la linaza, la sal y el bicarbonato de sodio, dentro de un procesador de alimentos.
3. Mezcla Ingredientes: antes de agregar los huevos, el vinagre y el aceite.
4. Vierta la mezcla o masa en el molde para pan y hornee durante unos 30 minutos a 350 grados F en el horno.
5. Deje que el pan se enfríe durante unos minutos antes de servir.

Las Bombas De Grasa Cetogénicas De Canela Y Cardamomo

Ingredientes:

- ½ cucharadita de cardamomo verde molido
- ¼ de cucharadita. de extracto de vainilla
- 3 onzas . manteca
- 5 cucharadas de coco sin azúcar (rallado)
- 1 cucharada. de canela molida

Direcciones:
1. Si la mantequilla aún no está almacenada a temperatura ambiente, asegúrese de llevarla a la temperatura ideal sacándola del refrigerador.
2. Coge una sartén, y dentro, simplemente tuesta el coco rallado hasta que se dore un poco.

3. El tostado ayudará a crear un excelente sabor; sin embargo, puede omitir este paso y dejar que el coco se enfríe.
4. Mezcle la mantequilla con la mitad del coco rallado junto con las especias, dentro del bol, y luego forme con la mezcla bolas del tamaño de una nuez con la ayuda de una cucharadita, y enrolle el resto del coco rallado dentro.
5. Guarde la mezcla en el refrigerador o sirva inmediatamente.

Huevos De Pimiento Morrón

Ingredientes:

- Sal kosher
- Pimientos negros recién molidos
- 2 cucharadas de cebollino picado
- 1 pimiento morrón, cortado en círculos de ¼ pulgadas
- 6 huevos
- 2 cucharadas de perejil picado

Direcciones:
1. Antes de empezar, caliente una sartén a fuego medio y luego engrase ligeramente con rocío de cocina.

2. Agregue 1 círculo de pimiento a la sartén y cocine por un lado durante 2 minutos. Dele la vuelta, y luego rompa un huevo en el medio.
3. Agregue sal y pimienta, luego cocine hasta que el huevo esté cocido de 2 a 4 minutos.
4. Repita con los otros huevos, luego adorne con cebollino y perejil.

Rosquillas Cetogénicas

Ingredientes:

- 3 tazas de queso mozzarella rallado

- 2 onzas de queso crema

- 2 huevos grandes más 1 huevo grande ligeramente batido

- 2 tazas de harina de almendras

- 1 cucharada de polvo de hornear

- 3 cucharadas de condimento para rosquillas

Direcciones:

1. Antes de comenzar, caliente el horno a 400 grados Fahrenheit.
2. Coloque 2 bandejas de metal con borde (hojas de horno) con papel de pergamino.

3. Mezcle la harina de almendras con el polvo de hornear en un tazón grande.
4. Mezcle el queso mozzarella y el queso crema en otro recipiente mediano (que pueda resistir el microondas) y cueza en el microondas durante 30 segundos, luego remueva por un total de 2 minutos.
5. Raspe la mezcla en el bol con la mezcla de harina de almendras y añada los dos huevos, mézclelos bien.
6. Divida la masa en 8 porciones y enrolle cada una en una bola.
7. Déle forma a cada una de ellas en forma de rosquilla y colóquelas en las bandejas de metal.
8. Cepille la parte superior de cada rosquilla con huevo batido y espolvoree con todo el condimento para rosquillas.
9. Hornee las rosquillas en la rejilla del medio durante 20 a 24 minutos (hasta que la

rosquilla se vuelva dorada). Déjelo enfriar (se recomiendan 10 minutos).

Ensalada De Tomate

Ingredientes:

- 2 tomates medianos

- ¼ de cucharadita pimienta molida fresca

- 2 cucharadas vendaje (ver más abajo)

Direcciones:

1. Cortar los tomates en trozos del tamaño de un bocado. Dispóngalos en un bol.
2. Vierta el aderezo sobre los tomates.

www.ingramcontent.com/pod-product-compliance
Lightning Source LLC
LaVergne TN
LVHW010222070526
838199LV00062B/4690